AF562446

BIOGRAPHIE

DU

Dr ÉDOUARD RAYNAUD.

SOCIÉTÉ DES SCIENCES, AGRICULTURE ET BELLES-LETTRES
DE TARN-ET-GARONNE.

BIOGRAPHIE

DU

Dr ÉDOUARD RAYNAUD,

LUE DANS LA SÉANCE DU 8 JANVIER 1859

PAR M. A. POUVILLON.

MONTAUBAN,
IMP. FORESTIÉ NEVEU, RUE DU VIEUX-PALAIS, No 23.

1859.

SOCIÉTÉ DES SCIENCES, AGRICULTURE ET BELLES-LETTRES DE TARN-ET-GARONNE.

Séance du 8 Janvier 1859.

M. Auguste POUVILLON, président, ayant déclaré la séance ouverte, s'est exprimé en ces termes :

MESSIEURS,

Permettez-moi de retenir pendant quelques instants la présidence de votre assemblée.

Avant que vos suffrages disposent de nouveau de cette dignité dont vous m'aviez honoré, j'ai le dessein de vous entretenir de la vie et des œuvres du docteur Raynaud, qu'une mort prématurée vient de ravir à notre affection.

N'est-ce pas d'ailleurs placer l'année nouvelle sous de favorables auspices, que de consacrer, en partie, votre première séance à l'expression des sentiments de confraternité qui doivent être l'âme de nos réunions, la source de nos rapports.

Messieurs, le maintien de nos vieilles coutumes amène chaque jour sous nos yeux les funérailles de nos concitoyens ; mais ces tristes cortéges et leurs hymnes lugubres impressionnent à peine nos esprits; rarement, nos âmes s'ouvrent aux sévères pensées qu'un tel spectacle devrait inspirer. Toutefois, cette indifférence fait place à des sentiments plus élevés, lorsque, inexorable instrument des décrets de la Providence, la mort choisit pour ainsi dire ses victimes, quand elle frappe ses coups dans les rangs, hélas trop peu nombreux! des hommes investis de la confiance publique.

C'est que l'opinion, susceptible d'égarements déplorables quand elle est agitée par les passions, est au contraire admirable d'instinct quand elle raisonne avec calme, et qu'elle s'inspire des règles naturelles de la justice et de l'équité.

Vit-on jamais une émotion plus douloureuse et plus vive que celle dont notre cité, toute entière, fut pénétrée à la nouvelle de l'invasion et des progrès destructeurs de la maladie terrible qui vient d'enlever notre confrère, le docteur Edouard Raynaud, à l'amour de sa famille, à la considération générale dont il était l'objet.

A ces signes non équivoques de la sollicitude populaire, il était facile de juger que ce n'était pas seulement au foyer domestique et dans le cercle des clients que l'on avait compris la portée de ce triste événement; il était manifeste que le deuil que nous allions suivre était un deuil public.

Dans notre temps d'égoïsme et d'amour effréné des jouissances matérielles, le docteur Raynaud fut une exception, car, en dehors de ses affections intimes, il ne poursuivait avec ardeur que deux choses : le progrès dans la science médicale, et la prospérité de Montauban. Doué de tous les ornements de l'esprit, de toutes les qualités du cœur, il passait à côté des plaisirs du monde, les effleurant à peine, et ne leur accordant que les courts intervalles de temps réclamés par les convenances sociales.

Mais les sentiments unanimes de regret et d'affliction, excités par sa mort si funeste et si prompte, ne doivent pas demeurer l'unique récompense des mérites de notre confrère ; il est à souhaiter que le souvenir du bien qu'il a fait ne soit pas oublié, et surtout qu'il ne reste pas stérile.

Les précédents de notre Société ne nous ayant point autorisé à prendre la parole sur le bord de cette tombe que la mort venait de rouvrir d'une manière si fatale (1), il nous a paru convenable de payer aujourd'hui, à la mémoire de notre ami, le juste tribut de notre sympathie et de nos éloges.

« A une époque comme la nôtre, marquée par tant « d'agitations, de malaise, de doute ou de négation, il « importe qu'à côté de l'exemple des hommes qui ont « servi leur pays pendant une longue existence, on rap- « pelle la mémoire de ceux qui, brisés avant l'heure, ont « laissé un nom digne d'être honoré. »

Jeux cruels de la destinée! Ces pensées qu'inspirait au docteur Raynaud la mort prématurée du savant chimiste *Osmin Hervi*, ces réflexions qu'il inscrivait, il y a peu de jours, en tête de la biographie de ce jeune Montalbanais, mort au champ d'honneur de la science, nous venons les poser comme une sorte d'épigraphe à côté du simple récit de sa propre existence (2)!

Comme ce regrettable ami, dont le souvenir fut toujours précieux à son cœur, Edouard Raynaud a vu, lui aussi, son existence brisée avant l'heure ; il laisse comme lui un nom digne d'être honoré.

(1) Le docteur Raynaud avait perdu sa mère depuis deux mois seulement.

(2) Cette notice est imprimée dans le tome Ier de la *Biographie de Tarn-et-Garonne*, qui paraîtra très-prochainement.

Edouard Raynaud, né à Montauban le 6 mars 1816, suivit ses cours d'études à *Sorèze.*

Cette école, justement célèbre dans les fastes littéraires du Midi, brillait alors d'un éclat d'autant plus vif, que l'Université, tourmentée, troublée dans ses conditions d'existence, semblait hésiter dans ses voies.

Sorèze donnait tout à la fois l'*instruction* et l'*éducation*, et c'est sous le bénéfice d'un enseignement complet que les élèves, formés dans son sein, entrèrent dans le monde avec une supériorité marquée.

Après avoir terminé ses études classiques, le jeune Raynaud fut destiné à la carrière médicale, que son père parcourait avec distinction à Montauban.

Sa famille l'envoya d'abord à Montpellier, où son zèle pour le travail, la régularité de ses habitudes, le firent remarquer parmi ses condisciples; et c'est avec la ferme volonté de marcher dans cette voie salutaire, qu'il arriva plus tard, comme étudiant, sur les bancs de la Faculté de médecine de Paris.

Intelligent, laborieux, fuyant les occasions de dissipation et de plaisir, ménager de son temps, Edouard Raynaud poursuivit avec ardeur le cours de ces premiers travaux, toujours austères, quelquefois rebutants; il les conduisit à leur fin scolaire, avec la conscience de sa capacité et de son aptitude aux devoirs de la profession qu'il allait embrasser.

Il y aura tout à l'heure dix-huit ans, le 14 janvier 1841, Edouard Raynaud se présentait devant la Faculté de Paris pour prendre le grade de docteur. Sa thèse, placée sous le patronage des savants professeurs dont il avait su conquérir l'affection et l'estime, fut soutenue avec l'assurance que donnait au récipiendaire une sérieuse préparation.

Dans un âge où le plus grand nombre des jeunes gens

s'inquiète médiocrement du soin de l'avenir, Edouard Raynaud, après être devenu dans des concours honorables interne des hôpitaux civils de Paris, avait acquis, non-seulement tous les éléments de l'instruction théorique, mais il possédait encore ce fond de connaissances qu'une pratique assidue de la clinique et de l'amphithéâtre peut seule procurer aux adeptes de la science.

Son application persévérante l'avait de bonne heure initié à tous les secrets de l'art de guérir. Aussi ses débuts à Montauban furent-ils singulièrement faciles : la clientèle acquise à son vieux père lui fut dévolue sans aucune des difficultés qui viennent trop souvent se poser, comme un obstacle redouté, sur le seuil des carrières libérales.

En peu de temps et sans effort, Edouard Raynaud sut prendre parmi ses confrères la place distinguée que sa capacité lui donnait le droit d'occuper, et sa sollicitude constante fut de se maintenir à la hauteur de cette réputation dont il était fier.

Il ne nous appartient pas de suivre le docteur Raynaud dans le cours de sa pratique médicale; notre intention est de retracer uniquement les diverses phases de sa carrière d'homme public.

Dans cette période de dix-huit ans, si courte et si bien remplie, ce ne sont pas les sujets d'appréciation qui manqueront à notre examen : toute notre crainte est d'analyser d'une manière insuffisante cette série d'œuvres utiles qui marquèrent la vie de notre confrère.

De nos jours, la médecine et les sciences physiques sont sœurs, leurs conquêtes sont des conquêtes communes ; la médecine ne peut être exercée avec autorité que par les hommes également versés dans ces diverses branches de connaissances.

C'est dans cette classe d'élite que le docteur Raynaud

avait su se ranger. Déjà en 1847, investi du titre de *médecin des épidémies*, il avait présenté à M. le Préfet de Tarn-et-Garonne un mémoire remarquable, dans lequel il traitait *de l'influence des canaux sur la santé publique*.

Cette Etude, où se trouvent retracés, dans un tableau fidèle, les effets pernicieux des travaux exécutés pour l'établissement du Canal latéral, fut accueillie par notre conseil de département avec une distinction flatteuse pour son auteur. Son travail renfermait non-seulement une série complète de recherches sur la marche et les progrès des fièvres typhoïdes, mais il en signalait les causes. A l'appui de ses appréciations, et pour les motiver, l'auteur du mémoire avait fait un examen approfondi de la constitution géologique du pays ; il avait relevé les observations atmosphériques contemporaines ; il avait enfin indiqué, sinon des moyens curatifs absolus, du moins les précautions administratives à prendre pour atténuer les effets de l'épidémie, en paralyser le développement.

Vers cette même époque, l'autorité judiciaire consacrait pour ainsi dire les talents et le caractère du docteur Raynaud, et l'associait à son œuvre, en lui confiant de nombreuses expertises médico-légales.

Tâche périlleuse, difficile, ingrate, ces expertises constituent un véritable sacerdoce. Pour les remplir, il faut posséder autre chose que de la science ; il faut encore du courage et toujours de l'abnégation.

Lutter avec le génie du mal ; le combattre, dans ses odieuses combinaisons, par les progrès de la science ; s'exposer aux dangers redoutables des exhumations et des autopsies ; vaincre les difficultés si nombreuses et souvent si imprévues des analyses chimiques ; posséder à fond la théorie des toxiques et l'art de suivre leurs traces ; arriver dans le champ clos de la cour d'assises avec des preuves irréfragables ; soutenir, avec l'autorité de la science, la fermeté de la conviction, les conclusions d'un rapport préparé dans le silence du cabinet; s'établir en quelque sorte l'arbitre de la vie et de la liberté des citoyens, c'est assurément une grande et noble mission. Honneur à celui qui, semblable au docteur Raynaud, sait en comprendre tous les devoirs.

Dans son amour de la science, notre confrère ne s'arrêta jamais aux considérations d'un ordre secondaire. Il savait par expérience que la législateur ancien, plus préoccupé de l'austérité des devoirs sociaux qu'on ne l'est peut-être de nos jours, avait à peine égalé la rémunération des expertises médico-légales aux dépenses nécessitées par ce genre de travaux; mais cette circonstance ne fit jamais obstacle à son zèle, et nous sommes heureux de le dire à sa louange, jamais la justice ne fit un vain appel à son expérience. Par lui, ce genre de services fut élevé à la hauteur d'un devoir civique.

Pour témoigner au docteur Raynaud toute la confiance qu'elle avait dans ses lumières, l'autorité administrative étendit successivement le cercle de ses attributions. Elle le désigna pour remplir les fonctions de médecin certificateur, de médecin adjoint des prisons; il fut enfin nommé membre du conseil d'hygiène.

Ce fut au nom de ce conseil qu'en 1854, au moment où la maladie de la vigne sévissait avec le plus d'intensité, le docteur Raynaud présenta à M. le Préfet de Tarn-et-Garonne un rapport considérable, où se trouvent exposés les procédés les plus économiques et les plus utiles pour remplacer par des boissons artificielles le vin qui faisait défaut d'une manière absolue à nos populations ouvrières.

Mais ces diverses fonctions et le travail qu'elles pouvaient nécessiter, les soins d'une clientèle toujours plus nombreuse, ne suffisaient pas à l'activité d'esprit dont notre confrère était animé. Son énergie savait toujours trouver des forces nouvelles, et suivant en cela la pente de sa vocation, il aspirait à rendre à ses concitoyens des services plus importants que ceux dont nous venons de parler.

Nous aurons à vous le montrer prenant une part des plus actives dans la direction des affaires de la cité ;

Apportant son initiative et son influeuce dans l'organisation des œuvres charitables du Consistoire ;

Secondant par ses efforts la cause du progrès agricole au sein des Comices;

Participant eufin aux travaux de notre Société.

Ce fut par suite des élections municipales du 9 août 1846, que le docteur Edouard Raynaud entra dans le mouvement des affaires de la cité. Depuis lors, sous les divers régimes qui se sont succédés, la confiance de ses concitoyens l'avait constamment maintenu à ce poste.

Le 25 novembre 1846 il avait été nommé 1er adjoint au maire de Montauban, et, nous pouvons le dire avec la certitude de ne point rencontrer de contradicteurs, nul ne s'occupa des intérêts de la cité avec plus de zèle et d'intelligence.

Membre infatigable des commissions, il apportait dans la préparation des questions importantes un contingent d'investigations qui aplanissait les difficultés, si fréquentes en ces matières, et rendait faciles les décisions de l'autorité supérieure.

Les projets d'utilité publique, tels que l'établissement des fontaines, la construction d'une caserne de cavalerie, furent de sa part l'objet de laborieuses études. L'organisation des crèches, l'extinction de la mendicité, eurent en lui un ardent promoteur. Et soit qu'il fut question de l'accomplissement des œuvres émanant de son initiative, soit qu'il fallût venir en aide aux pensées utiles de ses collègues, les développer, les appuyer de son influence, on le trouva toujours au service de la chose publique.

Le docteur Raynaud aimait Montauban d'un amour filial, et veillait avec un soin tout particulier aux éléments de sa prospérité. Mais de toutes les œuvres municipales, celle dont il poursuivit la réalisation avec le plus d'ardeur et de persévérance, fut l'établissement de nos deux lignes de chemin de fer du Midi et du Grand-Central. La part considérable qu'il prit dans la solution des difficultés relatives à leur tracé, formera son meilleur titre à la reconnaissance des Montalbanais.

Il avait parfaitement compris quels éléments inconnus de richesse, quels principes de régénération industrielle ces lignes devaient apporter au Tarn-et-Garonne.

Retracer les démarches incessantes de notre confrère, au sujet de ces établissements, serait une tâche aux détails infinis et dans laquelle nous ne saurions entrer, mais nous avons cru devoir en consigner ici le souvenir.

Vous n'ignorez pas de quel fâcheux esprit la compagnie du chemin de fer du Midi se montra, dès l'origine, animée vis-à-vis de Montauban. Elle témoignait une répugnance hautaine à conduire sa ligne sous les murs de notre ville, et, cherchant à nous faire perdre tous les avantages du tracé direct, imposé par son cahier des charges, c'était un embranchement qu'elle voulait infliger à nos populations. Or, nous avions appris par expérience ce que valent les embranchements. Le commerce de Montauban pouvait témoigner de quelles difficultés ils entourent les relations d'affaires. L'embranchement du Canal latéral était au besoin une leçon vivante, bien propre à éveiller notre sollicitude. Quelle que fût notre confiance dans le bon vouloir et la justice du gouvernement, qui ne pouvait ainsi mutiler son œuvre et donner le pas à des spéculations mesquines sur l'intérêt public, il y avait dans les prétentions exorbitantes de la compagnie un obstacle qu'il fallait renverser.

Dans ces conjonctures aussi difficiles qu'imprévues, le docteur Raynaud se mit courageusement à la tête des défenseurs de nos intérêts menacés. — Le rapport qu'il présenta au conseil municipal, dans la séance du 21 février 1853, contient les arguments les plus solides contre les modifications du tracé proposées par la compagnie. Documents spéciaux, calculs statistiques, spéculations économiques, on trouve dans ce travail des éléments de décision incontestables à l'appui de notre cause.

Mais pour combattre les influences dont nos adversaires pouvaient disposer dans la capitale, il fallait envoyer à Paris une députation chargée de porter au gouvernement, avec l'expression de nos craintes, la démonstration de nos droits.

Cette députation, composée de MM. Hachin de Courbeville, maire, le docteur Raynaud et Dubois (Antonin), parvint à écarter les difficultés soulevées par la compagnie.

Ce fut ainsi que la compagnie du Midi se vit dans l'obligation de passer sous les murs de notre ville, et que l'avantage du tracé direct de la ligne de Bordeaux à Cette nous fut conservé.

Il était dans la destinée de Montauban de rencontrer chez les compagnies de chemin de fer appelées à pénétrer dans son rayon, des dispositions hostiles. Le passage du Grand-Central dans notre ville devait être, à son tour, une conquête laborieuse, le prix de sacrifices considérables.

En effet, notre premier différend avec la compagnie du

Midi venait à peine d'être réglé, qu'il fallut s'engager dans une lutte nouvelle.

La sagesse du gouvernement nous avait dotés de la grande ligne de Clermont à Montauban. Cette voie était considérée à juste titre comme un bienfait pour notre département et pour notre cité, lorsque la compagnie du Grand-Central, chargée de son établissement, voulut aussi déserter tout à la fois et son cahier des charges et nos intérêts. Soit par esprit de rivalité vis-à-vis de la compagnie du Midi, soit qu'elle fût incitée par les sollicitations pressantes du département du Tarn, elle résolut de faire modifier son tracé et laissant de côté Montauban, elle demandait d'arriver à Toulouse en passant par Alby.

La négociation engagée à ce sujet était assez avancée quand nos administrateurs furent informés de son existence.

Comme il s'agissait de nos intérêts les plus chers, le conseil municipal fut convoqué d'urgence, et sa sollicitude fut excitée à ce point, que l'on jugea nécessaire d'envoyer à Paris une nouvelle députation.

Trois membres de notre conseil municipal furent désignés pour remplir cette mission honorable : MM. Hachin de Courbeville, maire, le docteur Raynaud et Doumerc, négociant.

Ceci se passait en décembre 1853. Mais, dans leur zèle pour le bien public, nos concitoyens ne s'arrêtèrent pas aux rigueurs de la saison. Négligeant leurs propres affaires; ils s'empressèrent de se rendre à Paris pour y remplir leur mandat et délivrer au plus tôt notre ville des alarmes qu'elle avait pu concevoir. La direction des travaux et des démarches de la commission devait naturellement écheoir au docteur Raynaud, que son goût naturel pour les questions administratives et ses relations avec les ingénieurs qui s'étaient occupés du tracé de la ligne, avaient préparé à toutes les exigences de la situation. Nos délégués trouvèrent d'ailleurs chez notre député M. Janvier un concours actif et des conseils bienveillants.— La compagnie du Grand-Central était protégée par une puissante influence ; mais nos mandataires avaient une pleine confiance dans le chef de l'Etat. Ils savaient que le tracé qu'ils venaient défendre se rapportait à un ensemble de hautes pensées économiques et politiques, et qu'il n'avait été adopté par le gouvernement qu'après de sérieuses études.

Bien que notre réclamation fût juste et fondée, il était indispensable de l'exposer et de faciliter ainsi l'examen et la décision du Souverain.— Ce fut l'ouvrage du docteur Raynaud.

Une fois l'audience obtenue, notre confrère rédigea sur l'heure un Mémoire remarquable de clarté et de précision. Les motifs qui justifiaient le maintien du tracé direct s'y trouvaient discutés avec une puissance et une vigueur de logique telles, que dans l'esprit de l'Empereur la solution ne fut pas longtemps douteuse, et le succès de la cause de Montauban fut désormais assuré.

Le tracé direct sur Montauban ayant été maintenu par la sage décision de l'Empereur, la question de la gare fut agitée entre nos mandataires et la Compagnie. Celle-ci exigea de notre part des sacrifices auxquels notre Conseil municipal s'empressa de souscrire, certains de nos concitoyens devinrent actionnaires du Grand-Central, et c'est dans ces conditions que la Compagnie prit l'engagement de construire la gare de Villenouvelle. Ce contrat fut arrêté des deux parts avec une parfaite entente ; et bien que de nos jours les faits se pressent et s'effacent, il ne paraît pas possible qu'un traité passé dans des termes aussi positifs puisse être longtemps paralysé et réduit à l'état de lettre morte.

Qu'on nous passe cette digression que les circonstances amenaient si naturellement, et reprenons la partie historique de notre notice.

Une année ne s'était pas encore écoulée, lorsque la Compagnie du Grand-Central, songeant à donner à cette partie de son réseau son développement naturel, conçut le projet de prolonger cette ligne importante dans la direction des Pyrénées, en passant par la vallée de la Gimone, Beaumont et Auch.

C'était l'époque des grandes entreprises industrielles : le Réseau Pyrénéen, tant dédaigné depuis, était alors l'objet des plus ardentes convoitises. Le Grand-Central, qu'un magnifique pont sur le Tarn allait mettre à même de prolonger sa ligne dans la direction que nous venons d'indiquer, insistait vivement pour être secondé dans ses intentions par notre conseil général et par notre conseil municipal. Le gouvernement ayant ouvert des enquêtes dans le Tarn-et-Garonne, notre conseil de département et la ville de Montauban en particulier prirent bien vite la position que leur intérêt commandait dans cette circonstance.

Notre confrère devint encore l'homme de la situation. Le 21 octobre 1854, il présentait au conseil municipal un rapport où les avantages du tracé adopté par la compagnie du Grand-Central étaient mis en relief d'une manière complètement satisfaisante ; nulle autre part, en effet, les ressources de la ligne de Clermont à Montauban n'avaient été appréciées avec une telle largeur de vues, sous le rapport économique et industriel. La question des richesses du bassin houiller d'Aubin et de Decazeville avait été l'objet d'études spéciales de la part de notre confrère.

Malheureusement, cette ligne, si favorable à la ville de Montauban, ne dépassa jamais les limites d'un projet. En effet, pendant la discussion, soulevée par les prétentions rivales dont nous venons de parler, les dispositions du monde financier subirent des modifications inattendues. Alors que la paix heureusement conclue, grâce à nos succès militaires, semblait devoir donner un nouvel élan aux affaires commerciales et industrielles, par suite de causes inexpliquées les spéculations allèrent à la dérive ; à l'audace, à la témérité, succédèrent des terreurs chimériques, et le palais de la Bourse, ébranlé dans ses fondements, faillit écraser sous ses débris les modernes adorateurs du *Veau d'or*.

Ce fut ainsi que Montauban se trouva privé d'un élément de prospérité sur lequel il avait cru pouvoir compter; mais cette fois, il n'y eut point de faute commise. Nos intérêts avaient été parfaitement représentés.

La funeste dissolution de la Compagnie du Grand-Central qui venait de disparaître pendant la crise financière, donna naissance à des combinaisons nouvelles. Le partage de ses concessions parut une occasion favorable pour revenir sur les lacunes qu'avaient laissées dans le centre de la France les projets décrétés ou mis à exécution.

Parmi les questions à l'ordre du jour, surgit celle de l'établissement de la ligne de fer de Limoges à Montauban, par Brives et Cahors.

Alors que ces contrées deshéritées réclamaient énergiquement le rétablissement des communications les plus anciennes et les plus riches du centre de la France, quand elles portaient au pied du trône leurs justes doléances, Montauban devait naturellement les seconder dans leurs démarches.

Notre Conseil municipal s'associa donc avec empressement aux vœux exprimés par les villes de Brives et de Cahors, et ce fut encore une fois le docteur Raynaud qui devint l'âme de la commission chargée de l'examen de cette importante question. Il en fut aussi le rapporteur, et présenta son travail au Conseil municipal, dans la séance du 9 mai 1857.

Malgré l'appui du maréchal Canrobert, qui s'était constitué l'organe des intérêts de la ville de Cahors, ce projet est demeuré jusqu'à ce jour sans résultat.

L'heure avait été mal choisie pour le présenter : la situation financière n'en permettait pas le succès. Une sorte de fatalité semblait planer sur ces diverses entreprises. Nous-mêmes, n'avons-nous pas été sur le point de perdre l'un des avantages les plus considérables de la ligne du Grand-Central ? L'établissement de la gare de *Villenouvelle,* qui doit nous constituer *tête de ligne,* n'a-t-il pas donné lieu à des craintes de la part de nos populations ? Et cependant, la construction de cette gare importante est pour Montauban une question vitale, car c'est là que doit s'élever l'entrepôt des richesses de Decazeville et d'Aubin. Et cependant, la baguette de l'industrie n'a qu'à frapper nos houillières pour faire jaillir de leurs flancs, comme du sein du rocher mystérieux, les immenses trésors qu'elles renferment et que le commerce sollicite !

Nous n'avons pu, Messieurs, résister à l'intérêt que nous paraissait offrir l'historique de l'établissement des deux lignes de chemin de fer dont nous sommes en possession. Aussi bien cette histoire était celle de notre confrère.

La reconnaissance publique s'était déjà manifestée, lorsque le 21 août 1853 la ville de Montauban choisit le docteur Raynaud pour la représenter au sein de notre Conseil général. Toutefois, ce mandat, dont il avait le droit d'être fier, parce qu'il l'avait conquis par un dévouement exemplaire aux intérêts publics, ne lui fut pas longtemps conservé.

L'échec qu'il subit aux élections de 1855, lui fit au cœur une cruelle blessure ; mais il possédait un esprit de suite et un fonds d'énergie susceptible de triompher d'une telle vicissitude : son zèle n'en fut point diminué. Apporter aux intérêts du département de Tarn-et-Garonne, et de Montauban en particulier, un concours plus actif, une sollicitude plus généreuse et plus étendue que dans le passé, ce fut la seule vengeance qu'il voulut exercer. Ce brusque retour de fortune ne devait pas d'ailleurs le surprendre : l'ingratitude fut bien des fois l'unique récompense des services publics.

Au sein du Comice de Montauban qu'il dirigea depuis 1855, avec la résolution sincère de contribuer au progrès agricole, on le vit multipliant ses efforts pour l'introduction des méthodes nouvelles, pour propager la culture du sorgho comme plante industrielle et fourragère, pour mettre en évidence les améliorations que nos cultivateurs doivent atteindre et rechercher au moyen des instruments perfectionnés.

Telle fut la tâche qu'il poursuivit et à laquelle il donna ses soins avec la constance qui fut le cachet de ses œuvres.

Mais ce n'était pas seulement au monde que notre confrère donnait une part précieuse dans l'emploi de son temps. La religion lui inspira des œuvres éminemment utiles à ses concitoyens et à ses frères.

Malgré la réserve qu'un pareil sujet doit nous imposer, nous devons rappeler les services qu'il a rendus à l'Eglise Réformée en centralisant dans son sein la direction des œuvres de bienfaisance.

De 1851, date de son entrée au Consistoire, jusqu'à sa mort, il ne cessa de témoigner dans cette assemblée de la hauteur et de la sagesse de ses vues.

Philanthrope et chrétien, il avait manifesté sa croyance et ses convictions par ses œuvres. Et de même qu'après avoir organisé les Crèches, en 1847, il en était devenu le médecin gratuit, après être entré dans l'administration de l'*Orphelinat protestant*, il consacra ses soins aux jeunes infortunées réunies dans cet asile charitable. Gardons-nous de soulever le voile dont notre confrère aimait à protéger ses bonnes œuvres ; mais si l'exercice de la charité chrétienne doit rester un secret dans le sein de Dieu, nous croyons pouvoir dire que le docteur Raynaud fut doux et humain envers les pauvres, qu'il leur donnait avec libéralité les secours de son art, et que toujours il fut pour eux un guide et un consolateur.

Nous arrivons, Messieurs, à la fin de notre tâche. Après vous avoir montré le docteur Raynaud dans les diverses phases de sa carrière médicale ; après avoir rappelé la part considérable qu'il prit dans la direction des affaires municipales, son activité, son zèle, au sein du Comice agricole, il nous reste à vous entretenir du confrère distingué que nous avons perdu.

L'esquisse des travaux accomplis par le docteur Raynaud depuis son arrivée à Montauban jusqu'en 1850, sa haute position comme médecin, vous indiquent les titres incontestables qu'il avait pour devenir membre de notre Société.

Sa candidature fut accueillie avec empressement, et la presque unanimité des suffrages qui assurèrent son élection, le 18 mai 1850, lui prouva toute notre estime et toute notre sympathie.

Pour reconnaître cette distinction, le docteur Raynaud fit paraître, pendant le cours de cette même année, une Etude sur l'industrie séricicole dans le département de Tarn-et-Garonne.

Cette Etude est marquée au coin de ses divers travaux :

c'est dire qu'elle est complète et consciencieuse. Elle renferme l'examen de l'industrie séricicole dans nos contrées, aux différentes époques de son histoire, en la considérant dans les trois branches dont elle se compose:

La culture du mûrier;

L'éducation des vers-à-soie;

La filature de la soie et la fabrication des tissus.

C'est pour nous un regret de ne pouvoir rapporter ici quelques citations de cet ouvrage, où l'on rencontre les recherches historiques et économiques les plus intéressantes et les plus variées.

Vous auriez été heureux d'apprécier avec quelle ardeur notre confrère aurait voulu contribuer au développement de cette industrie, débris unique de notre ancienne prospérité commerciale, que des hommes généreux, des négociants éclairés devenus, à proprement parler, les pères nourriciers de notre population ouvrière, ont cherché, non sans succès, à relever de ses ruines.

Les études statistiques étaient familières à notre confrère, et nous possédons de lui, à cet égard, un travail considérable sur le mouvement de la population dans le Tarn-et-Garonne.

Nul doute que ses communications n'eussent été plus fréquentes, si des causes étrangères à la Société n'étaient malheureusement venues à l'encontre de ses dispositions. Ces causes, nous devons les taire ; il nous suffisait d'ailleurs de mentionner ici les travaux importants publiés par le docteur Raynaud comme membre de notre Société, pour démontrer que partout et toujours il fut l'homme du devoir.

Des voix amies ont dit ailleurs toutes les qualités privées du docteur Raynaud, son amour filial, ses affections intimes. L'émotion aura sans doute gagné vos cœurs aux accents de la parole éloquente qui se faisait entendre naguère dans la demeure désolée de notre confrère.

Puisse sa famille trouver quelque adoucissement à sa juste douleur, dans le témoignage que nous venons de rendre à la mémoire de celui qui a laissé dans son sein, comme dans nos rangs, un vide si profond! Puisse le jeune fils sur lequel Edouard Raynaud faisait reposer ses plus chères espérances, considérer les qualités privées et les vertus publiques de son père comme la meilleure part de son héritage!

Et maintenant, Messieurs, ramenez un instant vos regards sur l'ensemble des œuvres accomplies par notre jeune confrère, dans une courte période de dix-huit ans, et jugez si ce n'était pas à bon droit, qu'au début de cette notice nous disions que le docteur Edouard Raynaud fut une exception, que sa mémoire devait être honorée, que son souvenir devait rester parmi nous comme un exemple.

www.ingramcontent.com/pod-product-compliance
Lightning Source LLC
LaVergne TN
LVHW010257230826
846091LV00007B/3012

* 9 7 8 2 0 1 1 7 7 2 1 3 8 *